그렇게 널 만나고 싶다

아쉬티

시인의 말

세 번째 시집 『그렇게 널 만나고 싶다』를 출간하면서,
1집과 2집을 출간한 뒤 가장 많이 들었던 말, 사랑시 그만 적어라.

사실 그동안 연애시만 적어왔던 내가 또 다른 느낌의 시를 쓴다는건 어쩌면 내겐 모험이었다.

내 삶이 담긴 스토리가 있는 시는 잘 써지지 않았다.

스스로 어색하다고 느낀 시들을 의외로 독자들이 좋아하는 것을 보고 용기를 내어 내 삶의 생각이 담긴 시들을 3집을 통해 독자들에게 선보이려 한다.

이 시를 읽는 독자들의 마음 한 구석이 조금이라도 따뜻해 졌으면 하는 바램으로 이 시집을 출간해본다.

차례

시인의 말　　　　　　　　　　　　3

1부

당신을 잊지 못함은　　　　　　　11
그대의 향기　　　　　　　　　　12
일곱 번째 난쟁이를 위하여　　　　13
그대생각　　　　　　　　　　　　14
창밖의 별을 보며　　　　　　　　15
담장 뒤 숨은 해바라기　　　　　　17
두고 온 마음　　　　　　　　　　18
한걸음　　　　　　　　　　　　　20
봄날의 꽃처럼　　　　　　　　　21
벚꽃을 위하여　　　　　　　　　22
그렇게 널 만나고 싶다　　　　　　23
당신이 있어 행복한 하루　　　　　24
그대가 내게로 왔습니다　　　　　25
행복한 이유　　　　　　　　　　26
그대 알고 있나요　　　　　　　　27
그리움　　　　　　　　　　　　　28
그리움2　　　　　　　　　　　　29

가만히 너를 바라본다	32
하지 못한 말	33
에델바이스 사랑	34
첫 만남	35
그대에게 다가서고 싶다	36
비와 눈물	37
그대	38
해바라기	40
그대를 처음 만난 날	41
사랑합니다	42
첫눈처럼 다가오는 사람	43
여우비	44
해바라기 사랑	45
누군가 내 곁에 있어 준다면	46
그리움 비가 되어	47
짧은 다짐	48
이슬비	49
파도	50
사랑의 온도	51
비오는 날의 그리움	52
소주 한잔	54
인연	55

머리에서 가슴까지	56
잠시	57
그리워 잊지 못할 사람	58
사랑	59
언제나 그 자리에	60
널 향한 마음	61
흔적	62
행복	63
행복2	64
첫눈	65
커피 한잔의 그리움	66
헤어짐	68
익숙한 것들이 낯설게 느껴질 때	69
함께 걷고 싶은 사람	70
보여줄 수 있는 건 아주 작습니다	71

2부

그녀가 내게로 왔다	77
천천히 잊어가기	78
자유로운 비닐봉지	80
외로움	81
나무의 기다림	82
잊혀진 시간	84
착각	86
낙엽 하나	87
찰나의 순간	88
바다를 닮은 친구	89
거미	91
버려진 우산	92
당신의 작은 몸짓 하나	93
나는 희망이고 싶다	94
나무의 눈물	95
꽃비 내리는 날	96
길을 잃어버렸습니다	97
낙지 자유를 찾아서	98
인생은 소풍처럼	99

1부

당신을 잊지 못함은

아직도 내가
당신 잊지 못함은
당신을 너무나 사랑해서가 아니라
당신과 함께
보냈던 그 시간들이
너무나 따뜻하게
기억되고 있는 까닭입니다.

구겨질 대로 구겨진
그래서
버려진 내게 다가와
새 삶을, 새 인생을
선물해 준 당신이기에
나는 당신을 지울 수가 없었습니다.

그대의 향기

그대 곁에 다가서면
그대에게서
늘 좋은 향기가 풍겨
난 한참동안 숨을 들이쉬고는
그대의 향기를
나의 가슴속 깊이 느껴 봅니다.

그대의 향기는
이제 내게는 너무나 익숙해져
난
저 멀리서도
그대의 향기를 느낄 수가 있습니다.

그대의 향기는
내 마음을 움직이는
신비한 힘이 있어
나를 그대의 곁에 머무르게 합니다.

그대의 향기가
내 마음 깊은 곳에 자리 잡아
지워지지 않는
사랑으로 자리 잡게 하소서.

일곱 번째 난장이를 위하여

나의 낮고 작은 모습이
당신에게 다가설 수 없는
장애물이 되어
늘
당신의 뒤에 서서
아무 말도 제대로 붙일 수 없음이
하나의 큰 슬픔으로 다가와

저는 언제나
제 키보다 큰 바위 뒤에 숨어
작은 목소리로
당신을 사랑한다고
몇 번이고 되뇌어 봅니다.

이루어 질수 없는 사랑임을 알기에
당신의 뒤에서
행복한 당신의 모습을 지켜보려 합니다.

그대생각

아침 햇살이 너무 맑아
문득
그대 생각이 났습니다.

갑자기 내린 소나기에
우산이 없어
어쩔 줄 몰라
처마 밑에 숨어 있을 때

또 문득
그대 생각에
소리 없이 눈물만 흘렸습니다.

창밖의 별을 보며

짙은 어둠이 세상을 뒤덮은 저녁
저 창문 넘어
홀로 빛나고 있는 별을 보며
오늘도 난 너를 그려본다.

우리가 서로 다른
하늘아래 살고 있지만
너를 향한 마음이
언제나 변함이 없이
너를 그리워할 수 있음에
감사한 마음을 가져본다.

창밖의 별을 바라볼 때면
조용히 두 손 모으고
너를 위해
기도할 수 있음에
늘 감사하고
하늘이 흐려서
별이 보이지 않을 때면
그 안개 가득한 저 하늘에

너의 얼굴
그려 볼 수 있음에
다시 한 번 감사한다.

담장 뒤 숨은 해바라기

당신을 향한 간절한 마음
숨길 수 없어
담장 뒤에 숨어
하늘만 바라보는
수줍음 많은 해바라기

당신을 향한 그 마음
더 이상
숨길 수 없어
말없이 하늘만 바라보네.

행여라도
그 마음 들킬까봐
담장 뒤에 숨어
홀로 외로움 달래며
변치 않는 사랑으로
당신만을 바라보네.

두고 온 마음

먼 길 나서며
늘 혼자인 당신이 걱정 돼
당신 곁에
내 마음 아무도 모르게
남겨두고 왔습니다.

혹시라도
늘 내 생각에 눈물 짓고 있을
당신이 걱정 돼
끝내 마음 편히 떠나지 못하고
오늘도
당신이 행복하길 바라며

당신 곁에
내 마음 남겨두고 갑니다.

한걸음

당신의 한걸음 뒤에
언제나
내가 있었으면 좋겠습니다.

그렇게 멀지도
그렇게 가깝지도 않은
적당한 거리에
항상 내가 있어

당신이
힘 들고 지칠 때
손 뻗으면
닿을 수 있는 그 곳에
항상 내가 있기를
간절히 소망합니다.

당신의 한 걸음 뒤에
있을 수 있다면
나는 그것으로도 행복합니다.

봄날의 꽃처럼

그대 웃어라.
봄날의 꽃처럼
활짝 피어나는
한 송이
장미꽃처럼 그대 웃어라.

웃는 얼굴에
행복 또한
활짝 피어나리니
그대와 함께하는
이 순간
행복 가득 피어나리라.

벚꽃을 위하여

너무도 아름다워
봄에만 피는 너는
언제나
수줍음 많은 봄처녀 처럼
화사하게 피었다가
한줄기 비에도
힘없이 떨어져 버리지만
타인의 눈과 마음을 기쁘게 하는
신비한 매력을 가졌구나.

절세의 미인으로
태어나
그 생명 또한 짧아서
너를 보기위하여
기다리는 이에게
짧지만 커다란 행복을 주는 너는

절세의 미인이란 찬사를 받고
연인들의 마음에
사랑을 안겨주기 위하여
봄부터 너는
서둘러 꽃을 피우는구나.

그렇게 널 만나고 싶다

아무런 약속도 없이
무작정 밖으로 나온 날
조금 익숙해 보이는
어느 골목길 지날 때
옷깃 스치 듯
그렇게 널 만나고 싶다.

어느 커피숍에서
문득 창밖을 바라보다
거리를 지나가는
수많은 사람들 속에
유난히 빛나 보이는
너를 발견하고
너에게 숨이 차도록 달려가
환한 미소 지어 보이며
수줍은 듯
너의 안부를 묻고 싶다.

당신이 있어 행복한 하루

새벽의 고요함 속에서도
언제나
당신 생각으로 또 그렇게
하루를 시작하려 합니다.
어느새
삶의 이유가 되어버린 사람

당신이 있어 참 행복한 하루 입니다.

그대가 내게로 왔습니다

늘 혼자라는 생각에
무표정한 모습으로 살아가던 나에게
그대가 피할 수 없는 운명이 되어
내게로 왔습니다.

수많은 사람들에게
상처만 받으며 살아 온 나이기에
그대 또한 다른 사람들처럼
소리 없이 그렇게 나를 떠나 버릴 것만 같아
그대를 멀리하려 했지만
어느새 가슴 속 깊이 들어와
나와 함께 숨 쉬고
삶의 일부가 되어버린 사람
나와 너무나 닮아
거울을 보고 있는 착각마저 들게 하는 사람
이젠 너와 내가 아닌
한 몸과 같은 생각마저 들게 하는 사람

늘 슬퍼하던 나에게
운명처럼 그대가 내게로 왔습니다.

행복한 이유

가끔 누군가 내게
행복하냐고 묻는다.

삶에 지치고
사람에게 지치고
뭐 그리 행복하겠냐마는

지치고 힘들 때
조용히 눈감고
당신을 생각하면
어느새 나는
세상이 줄 수 없는
행복을 느끼게 됩니다.

내가 행복한
단 하나의 이유는
바로 당신이 있기 때문입니다.

그대 알고 있나요?

그대 향한 내 마음을
있는 듯 없는 듯하여
존재감마저 없어 보이는
나이기에
언제나 주위를 맴돌고 있지만

당신에겐 나의 존재가
아무런 의미조차
줄 수 없음을 알기에

행여 내 이름
불러 줄 것만 같아서
나를 스쳐 지나칠 대면
마음이 두근거려
가슴 조이던
그런 날이 있었습니다.

나를 향해
해맑은 미소 지어 보일 때면
가슴이 터질 것 같아
두 손으로 가슴 움켜쥐던
그런 날이 있었습니다.

그대 혹시 알고 있나요?

그리움

새하얀 눈길 위에
네가 남겨둔 발자국 하나
그 발자취
조심스레 따라가며
희미해져 가는
네 모습
가슴 속 깊이 그려보네.

그리움 2

잡을 수도 없고
닿을 수도 없다는 걸
누구보다 잘 알면서도
쉼 없이
허공에 손 뻗어 보는 것

가만히 너를 바라본다

홀로 외로운 날
그 슬픔 달래려
무작정 밖으로 나와

길을 걷다가
저 멀리서 너를 보고
반가운 마음에
네 이름 부르고
손 흔들며 달려가고 싶지만

아직도 모자란
그리움으로 다가서기 싫어
저 멀리서
가만히 너를 바라본다.

하지 못한 말

가슴 속 깊이
아무도 모르게 숨겨둔 말

아직 한 번도
해보지 못한 말

너를 사랑한다는 그 말

에델바이스 사랑

사람들은 나에게 너를 잊으라
쉽게 말하지만
잊으려고 하면 할수록
더욱더 선명히 떠오르기에
나는 당신을 소중한 추억으로만 간직하렵니다.

누군가를 잊는다는 것이
누군가를 기억하는 것 보다
어려운 일임을 잘 알기에
아름답던 그 순간들만이 기억되기를
마음속으로 간절히 바라고 있을 뿐입니다.

하지만 아름다운 추억으로 간직되기엔
우리들의 지난날들이 기쁨과 슬픔으로
잘 어울려진 우리들의 인생이기에
속상함과 슬픔 또한
소중한 추억으로만 간직하려 합니다.

누군가를 잊는다는 것은
나의 인생에 너무나도 많은 시간을
빈 노트처럼 지우는 것과 같기에
그저 아름다운 추억으로만
나는 당신을 기억하려 합니다.

첫 만남

너를 처음 만나던 날
왠지 모를
가슴 두근거림으로
환하게 미소 짓던
네 얼굴 애써 떠올리며
밤새 잠 못 이루고
가장 순수했던
널 향한 내 마음

그대에게 다가서고 싶다

우연히 웃고 있는 그대를 보았습니다.

어린아이 같은 해맑은 미소를 보고
나도 모르게 방그레 웃으며
가만히 그대의 모습
나무 뒤에 숨어 지켜봅니다.

그대에게 조심스레 다가가
먼저 손 내밀고 싶지만
나를 바라보는 세상의 차가운 시선에
길게 한숨을 내쉬고
애써 아쉬운 마음 달래봅니다.

언젠가 꼭 한번
꿈속에서라도 그대를 만나게 되면
먼저 그대에게 다가가
오랫동안 숨겨왔던 나의 사랑
그대에게 전해주고 싶습니다.

비와 눈물

서로의 인연이
너무나 짧아
오랜 시간
당신과 함께 할 수 없었습니다.

끝내 붙잡지 못하고
힘없이
발길을 돌려야 했습니다.
그렇게 힘없이
돌아오는 길에
한 줄기
소나기마저 내렸습니다.

눈물이 비에 젖어
눈물인지 빗물인지
나도 알 수 없었습니다.

그렇게 눈물 흘리며
집으로 돌아온 날
당신이 그리워
목 놓아 울고 말았습니다.

그대

창가에 기대어
가만히 귀 기울이면

행여나
그대 발자국 소리
들을 수 있을까?

숨죽여
당신만을 기다려보네.

해바라기

누구를 기다리기에
이렇게 하늘만을 바라보는가?

얼마나 사랑하기에
그렇게 먼 하늘만을 바라보며
님을 그리워하는가?

가까이 다가서지 못하고
저 멀리서만 바라보아야하는
그 애처로움에
오늘도 눈물 흘리지만

고개를 더 높이 쳐들고
당신만을 바라보는
단 하나의 꽃으로 기억되려 합니다.

그대를 처음 만난 날

그대를 처음 만난 날

외로움의 긴 시간들이
왜 내게 필요했는지를
그때 비로써 알게 되었습니다.

진정한 사랑을 기다리는 일은
아주 특별한 일이기에
하늘이 내게 준
단 하나의 행복이라 믿었습니다.

그대를 처음 만난 날

왜 내게
그토록 많은 시련과 기다림 속에서
혼자 울어야 했는지를 알게 되었습니다.

사랑합니다

세상에서 가장 흔한 말이지만

당신께 이 말을 하기엔
내 자신이 너무 초라한 것 같아
어떻게 이 말을 시작해야 할지 몰라
당신과 마주칠 때면
나도 모르게
마음이 떨려옵니다.

언제부터인가
그대를 그리워하는 것이
내 삶의 일부가 되었습니다.
당신에게 이 말을 하기엔
아직 두렵고 떨리지만
용기 내어 고백하려 합니다.

당신만을 사랑합니다.

첫눈처럼 다가오는 사람

찬바람 부는
어느 추운 겨울날 밤
선물처럼
소리 없이 다가오는
첫눈처럼 그렇게
당신이 내게로
말없이
다가왔으면 좋겠습니다.

까만 밤
별빛 하나 없어도
어둠을 밝혀주는
새하얀 첫눈처럼
당신이 내게로
다가왔으면 좋겠습니다.

여우비

햇살이 눈부시게 맑은 날
왠지 모를
두근거림으로 길을 걷다
새벽이슬 같이 내리는
너를 만났다.

소나기라고 하기엔
흔적이 보일 듯 말듯
살며시 나를 감싸 안는다.

햇살에 비친 너의 눈물
신기루 같은 무지개로
환한 미소 선물해 주고
나를 그리워하는 너는
아직도 잊지 못한
슬픈 우리 사랑에
눈물 지으며
한 줄기 여우비 되어
스치듯 지나간다.

해바라기 사랑

먼 곳에 있기에
늘 바라볼 수밖에 없는 사랑
그래서
목 놓아 부르고 싶은 이름

바로 당신의 이름입니다.

누군가 내 곁에 있어 준다면

홀로 있는 시간이 많아
혼자 사는 것에 길들여진

오랜 시간
익숙해질 대로 익숙해져버린
고독함이
오늘도 나를 찾아와
무표정한 그 모습으로
긴 하루의 시간을
나 자신과의 싸움으로
지루한 시간을 보내려 하네.

언제부터인가
그 외로움에 취해
고독과 친구가 되어버린 나

이제는 그 외로움에서 벗어나
나와 닮은 한 사람과
행복한 이야기 나누며 살고 싶다.

그리움 비가 되어

그리움이 비가 되어
내 가슴속에 내릴 때
난
조용히 그대 이름 불러 봅니다

그대 너무나도 사랑하여
잊지 못하였기에
참다가 참다가
그리움이 비가 되어
온 대지를 적십니다

내 그리움이
저 하늘에 닿는다면
당신의 마음에
그리운 이내 마음
전해줄 수 있다면
내 모든 그리움
당신위해
한줄기 소나기로 내려 드리려 합니다

짧은 다짐

하루에도 열두 번도
더
너를 잊어야 한다고
수없이 되뇌어 보지만
언제나
내 마음은
슬피 울고 있을
너를 찾아가....

이슬비

어느 여름날 아침
이슬비가 내렸다.

눈에 보일 듯 말 듯
내리는 빗속을
아무런 생각 없이 걸었다.

한참을 걷다보니
어느새
이슬비에 흠뻑 젖어
축축해진 겉옷

아마도 네가 이슬비 되어
나를 적셔놓고 갔나보다.

파도

바람이 그리운 날
홀로 바닷가를 걷다
바람과 함께 밀려오는
새하얀 파도를 보며
말없이 떠난
너를 생각한다.

잔잔한 내 마음
거센 파도처럼
요동치게 하는 너
바람과 함께 달려와
온몸으로 부딪쳐
새하얀 그리움으로
날 울려 놓고
저 멀리 사라지는 너
어느새
나와 한 몸을 이룬다.

사랑의 온도

날이 추울수록
당신 곁에 더 가까이
다가서고 싶습니다

당신과 함께 팔짱을 끼고
천천히 아주 천천히
그 길을 걷고 싶습니다.

느리게 걷는 동안
많은 이야기 나누며
서로에 대해
조금씩 더 알아가고 싶습니다.

함께 걷는 그 시간동안
서로를 향한
사랑의 온도를
가슴 속 깊이 느끼고 싶습니다.

비 오는 날의 그리움

비 오는 날
네가 매일같이
타고 내리는
버스 정류소 앞
그 곳에서
우산 하나 들고
말없이
너를 기다려 본다.

행여 라도
갑자기 내린 비에
우산 없이 홀로 걸어갈
네가 걱정돼
말없이 서성이는 나
오늘도 네가 생각나
우산 하나 들고
말없이 너를 기다려 본다.

소주 한잔

마시지도 못하는 술
그 한잔에 취해
나도 모르게
그리운 네 이름 불러 본다.

취중진담으로 한 말
널 사랑한다는 말

술에서 깨고 보니
더 어색해진 우리 사이
뒤돌아서서 후회하는

소주 한 잔의
취중진담

인연

처음 만났지만
낯설다는 느낌보다
왠지
끌리는 사람

그래서
눈에서 멀어지면
더욱더 보고 싶은 사람

머리에서 가슴까지

세상에서 가장 먼 거리
머리에서 가슴까지

머리로는
이제 잊어야 한다고 생각하면서
가슴으로는 잊지 못해
홀로 외로운 날

눈물 흘리며
꺼내 보고픈 한 사람

머리로는 이해할 수 없는
세상에서 가장 먼 거리

머리에서 가슴까지...

잠시

잠시 동안
살며시 눈 감고
그대를 생각한다.

그 짧은 시간동안
세상에서
가장 행복한 사람
바로 내가 된다.

그리워 잊지 못할 사람

그리워 잊지 못할 사람
당신은 내게
바람처럼 다가와
내 마음
뒤흔들어 놓고
내 곁을 떠난 사람입니다.

처음엔 스쳐지나가는
바람인줄 알았습니다.

당신으로 인해
심한 열병을 앓고 난 후
그때 비로써
그리움의 의미를 알게 되었습니다.

사랑

어느 날 문득
말없이 다가온 사람
어느새 그 이름
지울 수 없는 그리움이 되었네.

언제나 그 자리에

우연히
너를 처음 만난 그 자리
너와의 행복했던 순간은
어느새 추억이 되고
그렇게 너 떠나보내고
다시 찾은 이곳에서
영화 속 주인공처럼
우연이라도 다시 만나
우리 함께
행복하길 소망하며
그 자리를 서성이네.

그렇게 널 보내고
나 홀로 다시 찾은
그 자리에서
돌아오지 않을
너를 기다리고 있네.

널 향한 마음

당신의 아픔까지도
그 절반은
언제나
내 몫 이었으면 좋겠습니다.

흔적

아침 일찍 일어나
다시 한 번 다짐한다.

너를 잊기 위해
너와 함께한 추억
이젠 모두 지워버리겠다고.

그 날 저녁
집으로 돌아오는 길에
주위를 둘러보니
너와 함께한 추억뿐이네.

그 작은 흔적 하나
지우지 못해
소리 없이 눈물만 흘렸네.

행복

가슴 속 깊이
너와 함께 한
추억 하나
간직할 수 있으니
난 세상 그 누구보다 행복하다.

행복 2

홀로 외로운 날
혼자라는 생각에
소리 없이
눈물만 흐를 때
가슴 속에
그리워 할
누군가가 있다는 것이
이 얼마나 행복한 일이냐!

첫눈

첫눈 내리는 날
사랑하는 사람과 함께
첫눈을 맞으면
그 사랑이 이루어진다기에

첫눈 오는 날 당신이 지나가는
그 길목에서
당신을 기다렸습니다

하지만
끝내 당신은 나타나지 않아
서럽게 눈물만 흘리며
힘없이
발길을 돌려야 했습니다.

커피 한잔의 그리움

홀로 있는 이 시간
커피 향에 취해
문득 너를 생각한다.

모락모락 피어오르는
커피 향 맡으며
가만히 눈을 감으면
어린아이처럼
울어버릴 것만 같아
문득 겁이 난다.

수많은 생각들을 하며 마시는
한 잔의 커피는
너를 향한 그리움이 있어
더욱 향기롭다.

헤어짐

끝까지 놓지 않으려 발버둥 쳤지만
차갑게 변해버린 네 눈빛에서
이제는 그만
널 놓아 주는 게
마지막 널 위한
배려라는 생각이 든다.

많이 힘들고 괴로 워도
널 위해
말없이 떠나는 것이
최선의 일이라는 생각에
눈물 흘리며
마음까지 뒤돌아서는 나.

익숙한 것들이 낯설게 느껴질 때

매일 아침이면
정해진 시간에 나를 깨워주던
모닝콜 같은 너의 전화가
더 이상
나를 깨워줄 수 없음을 느꼈을 때
그때 비로소
네가 나를 떠났다는 걸 깨달았다.

매번 생일 때마다
습관처럼
선물해 줄 수 있는 누군가가
더 이상
내 곁에 없다는 걸
깨달았을 때
네가 나를 떠났다는 걸 깨달았다.

너무나 익숙해서

편안하게 대했던 네가
어느새
낯설게 느껴질 때
네가 나를 떠났다는 걸 깨달았다.

함께 걷고 싶은 사람

아침에 집을 나설 때
다정한 대화 나누며
늘 나와 함께
그 길을 걸어 줄
마음 따뜻한 사람 하나
있었으면 좋겠습니다.

하루의 힘든 일을 마치고
집으로 돌아갈 때
뒤에서 정겨운 목소리로
내 이름 부르며 달려와
지친 내 어깨 토닥거려 줄
마음 따뜻한 사람과
그 길을 함께 걷고 싶습니다.

내가 걸어가야 할 그 길을
서로의 마음 포근히 감싸주며
평생 함께 걷고 싶은 사람이
지금 내 곁에 서 있는
바로 당신이었으면 좋겠습니다.

보여줄 수 있는 건 아주 작습니다

당신을 향한 마음
더 이상 숨길 수 없어
조금 더 가까이 다가서고 싶지만
언제나 당신은
수많은 사람들 속에 쌓여 있기에
저 멀리서 바라볼 수밖에 없는 나

당신을 향한 그 마음
이젠 더 이상 숨길 수 없어
살며시 다가가 고백하고 싶지만

초라한 내 모습에 그대 향한 마음
억누르고 또 억누르며
살며시 그리운 그 이름 불러 봅니다.

항상 많은 것을 드리고 싶지만
내세울 것 하나 없는 나이기에

언제나
당신에게 보여 줄 수 있는 사랑은
아주 작습니다.

2 부

그녀가 내게로 왔다

하늘이 열린 듯
억수같이
비가 내린 날
늦은 오후
버스정류소로 가던 중

갑작스럽게
당신은
비에 흠뻑 젖은 채
내 우산 속으로 들어왔습니다.

너무 놀란 나는
아무런 말없이
당신을
운명이라 생각했습니다.

(말죽거리 잔혹사 中 한가인이 권상우 우산 속으로 들어오는 장면)

천천히 잊어가기

얼마나 오랜 시간
당신을 기억할 수 있을까요?
당신의 이름이
기억 속에서 가물거립니다.

영원히 잊고 싶지 않았던
그 순간들도
이 병 앞에선
초라하게 고개를 숙이게 됩니다.

나 언제까지나
당신과 함께한 추억만을
가슴 속에
고이 간직하고 싶습니다.

또 시간이 흐르고 흘러
백발이 되어도
당신만은
영원히 내 가슴 속에

가장 아름다운 사람으로
기억하고 싶습니다.

(알츠하이머병으로 기억을 잃어가는 사람의 고백)

자유로운 비닐봉지

찬바람이 옷깃을 스치는
어느 날 오후
과일 파는 용달차에서
비닐봉지 하나
살며시 빠져 나온다.
순간 바람에 날려
춤 솜씨를 뽐내 듯
이리로 갔다, 저리로 갔다
흥에 겨워
정신없이 춤을 추다 그만
나뭇가지에 걸려
바람에 펄럭이고 있다.

외로움

작은 공간에서 많은 사람들과
함께 웃으며 행복했는데
잠시 잠든 사이
모두가 사라져 버리고

홀로 남겨진
그 작은 공간이
너무나 크게 느껴져
소리 내어 울어버린 나

언제나 홀로 된다는 것
그것은 내게
견딜 수 없는 외로움이었다.

나무의 기다림

바람에 흔들리는 나무는
하늘이 좋았다.

언제부터인가 기댈 수 있고
미운 모습까지도 보듬어 주는
하늘이 있어 좋았다.

누구나에게 기다림이 있듯
나무도 그랬다

오래된 그 나무는 긴 기다림으로
하늘을 얻었다.

그 무엇으로도 바꿀 수 없는 그의 소중한 동반자가
하늘인 것을.

그 기다림으로 참 삶을 얻게 되는 것도
결국은 자기 자신인 것을 알았다

우리는 기다림으로 산다.

우정의 기다림
사랑의 기다림
그리고 인생의 긴 기다림

그 끝에 놓인 초연의 맑은 빛
언제나 그대로인 하늘에

기다림으로 훌쩍 커버린 자신의 머리를
나무는 한없이 기댄다.

잊혀진 시간

살다보면 나도 모르게
잊고 사는 추억들
한때는 나의 전부였던 사람
혹은 삶의 이유가 되어버린 것들

세상살이에 지쳐
나도 모르게
깊은 한 숨 내 쉴 때면
어쩌다 한 번 쯤
나를 눈물 짓게 만드는
소중했던 순간

삶에 지쳐
잊혀 진 시간들을 떠올리면
나도 모르게 눈물 짓는
작지만 소중했던
잊혀진 시간

착각

세상 모든 사람들이
나의 작은 행동 하나에도
시선 집중하며
유심히 나를 관찰한다.

이런 바보 같은 생각을 할 때마다
혼자만의 망상에 빠져든다.

낙엽 하나

찬바람이 나를 스칠 때
가지 끝에 남아 있는
잎새 하나
계절의 변화를 아쉬워하며
안간힘 써 보지만
끝내 견딜 수 없어
지상으로 추락하는
가냘픈 여인
누군가의 책 속에
하나의 추억이 되고 싶어
책갈피가 되어 버린
낙엽 하나

찰나의 순간

스치듯 마주치는
수많은 사람들 속에
4꼭 한번
다시 만나고 싶은 사람
잠시 마주쳤을 뿐인데
그 향기가 오래 남아
말이 없어도
따스함으로 어두웠던 마음
환히 밝혀주는 사람
그런 당신과
꼭 한번
다시 만나고 싶습니다.

바다를 닮은 친구

세상에 살면서
바다를 닮은 그런 친구하나
있었으면 좋겠다.

세상살이에 지쳐
내 마음 답답하여
근심이 가득할 때
언제라도 찾아가
슬픈 내 마음 다 털어 놓으면
바다처럼 아무 말 없이
내 모든 근심, 걱정 다 들어주고
내 마음 포근히 감싸줄
바다를 닮은
그런 친구 하나
내게도 있었으면 좋겠다.

 언제라도 찾아가면
맨발로 뛰어나와
반갑게 맞아주고
가끔 핀잔을 주기도 하지만
그래도 서로 함께 할 수 있기에

외로운 내 마음
포근하게 안아주고
갑자기 내리는 소나기에
어쩔 줄 몰라 하는
나에게
말없이 환한 미소 지으며 다가와
우산 하나 씌워 줄 수 있는
그런

마음이 바다를 닮은
친구 하나
내게도 있었으면 좋겠다.

거미

새벽이슬이 너의 집에서
수정처럼 반짝일 때
잠에서 깨어나
집을 새로이 보수하고
누구보다 더 빠르게
새아침을 맞이한다
강한 바람이라도 불면
집이 날아갈까 두려워 거미줄을 탄탄히 정비한다

네가 뿜어낸 거미줄은
타인에게 도움을 주기위해
해충을 잡는 그물로 쓰이고
많은 도움을 주지만
겉으로 드러난 너의 모습으로 인해
우리에게 멸시를 당하지만
너는 더 많은 실을 수놓아
우리에게
더 많은 도움을 주기위해
쉬임없이 거미줄을 수놓는다.

버려진 우산

실내 의자 밑
보이지 않게 숨겨진 우산 하나
한 여름 소나기 속
비를 막아주는
누군가에게
강한 바람을 막아 주고도
건물 속에서는
너의 존재가 부각되지 않아
어느새 짐이 되어버린
초라한 모습으로
의자 밑
한 칸을 차지하고 있는
멀리 떠나버린
주인을 기다리고 있는
버려진 우산 하나.

당신의 작은 몸짓 하나

굳이 말 하지 않아도
아름다운 말

당신의 작은 몸짓 하나가
멀리서 바라보는 이의 마음을
얼마나 따뜻하게
밝혀주는지 당신은 모릅니다.

한 마디 음성보다 아름다운 언어

지금 당신의 작은 몸짓으로
바라보는 이들의 마음을
따뜻하게 밝혀즈고 있네.

(어느 찻집에서 청각장애인들의 대화를 보면서)

나는 희망이고 싶다

주위를 바라보면
아무것도 보이지 않는
어둠만 가득한
적막한 텅 빈 공간에서

말 한 마디 건넬
사람 하나도 없는
이 공간에서

나는 누군가에게
작은 희망이 되고 싶다.

나무의 눈물

찬바람이 부는 가을날
거리에서 나무들이
소리 없이
눈물을 흘리고 있다.

거리에서 뒹구는 낙엽은
끝내 참지 못해 흘려버린
작은 흔적들이다.

다 지우지 못해
바람소리와 함께 흘리는
나무의 무언의 눈물이다.

꽃비 내리는 날

어느 따사로운 봄날
살랑 부는 봄바람에
벚꽃들이 춤을 춥니다.

곧 이어 봄바람에 취한
꽃잎 하나, 둘
춤추며 땅으로 내려와
길거리를 꽃밭으로 만들고
연인들이 여기, 저기서 몰려와
아름다운 시간을 보내고
해맑은 미소 짓습니다.

꽃비가 내리는 날은
세상 모두가 환한 미소 짓습니다.

길을 잃어버렸습니다

서로에 대해
참 많이 알고 있다고 생각했는데
아직도
당신의 마음
다 이해하지 못해

당신에게로
가는 길을 잃어버렸습니다.

조금 더 가까이 가려고
한 발짝 내딛으면
어느새 당신은
두 걸음 더 멀리 달아나 버립니다.
그래서 더 조심스럽고
힘들게 느껴집니다.

당신에게로
가는 길을 찾고 싶습니다.

낙지 자유를 찾아서

가을비 내린 다음 날 아침
어느 음식점 골목 안
수족관 열린 문틈 사이로
낙지 두 마리
죽을 힘 다해
필사의 탈출을 시도한다.

잠시 후
너무나 기쁜 마음에
브레이크댄스를 추며
행복의 시간을 즐긴다.
하지만
행복의 시간도 잠시 뿐
옆에서 이를 지켜보던
허름한 옷차림의
한 노인
검은 비닐봉지 하나
가지고 와 그 속으로
독수리가 먹이를 낚아채 듯
잡아넣으며 하는 말

" 오늘 저녁 술 안주는 너로 정했다."

인생은 소풍처럼

세상에 태어나
잠시 살다가는 인생
조금 더 가지려고
안간 힘 쓰며
다른 사람 밀치고 오른 자리
영원할 것 같지만
세상에
영원한 것은 없기에
인생은 소풍처럼
하루하루 즐겁게 살다 가는 것.

그렇게 널 만나고 싶다

초판 1쇄 2025년 10월 22일

지은이　정만석
펴낸이　한상진
펴낸곳　아쉬티
주소 부산시 동구 자성로 133번길 10, 지하 1층
전화/팩스: 051-992-2261
출판등록 제 327-2025-000005호
저자와의 협의에 의해 인지를 생략합니다.

정가　12,000원
ISBN 979-11-995308-0-5